DE LA REPRÉSENTATION NATIONALE,

DANS

LES JOURNÉS DES 21 ET 22 JUIN 1815.

> La France ne sera tranquille, qu'autant qu'elle aura un gouvernement constitutionnel et national, qui garantisse également la sûreté, la liberté, les droits de tous les citoyens. Si la tranquillité de la France n'est point assurée, celle de l'Europe n'a aucune garantie.

A PARIS,

CHEZ E. BABEUF, LIBRAIRE,

RUE DU PETIT-LION SAINT-SULPICE, N° 26.

25 Juin 1815.

AU

PEUPLE FRANÇAIS,

ET

A SES REPRÉSENTANS.

L'Auteur de cet écrit, qui a la conscience intime d'être l'organe fidèle de l'opinion publique, l'homme de la France et de la vérité, qui a cru devoir déchirer tous les voiles et abor- der franchement la *grande question du salut public*, (en partant néanmoins de tout ce qui a été fait jusqu'ici, et en fortifiant de l'assentiment des bons citoyens toutes les mesures adoptées dans les circonstances actuelles), place à la fois sa personne et ce tribut de sa pensée, sous la double garantie de l'inviolabilité de la liberté de la presse et de la représentation nationale. Il s'adresse et se confie aux représentans d'un grand peuple, dont il s'honore, au jour du danger de la patrie, d'avoir été constamment et d'être jusqu'à sa mort l'un des plus purs et des meilleurs citoyens.

DE LA REPRÉSENTATION NATIONALE,

DANS LES JOURNÉES DES 21 ET 22 JUIN 1815.

***

C'EST dans la journée du 21 juin 1815, que l'âme d'un vrai citoyen, élevée, agrandie par le danger public, se serait communiquée, par une sorte de puissance électrique, à l'assemblée entière des représentans, incertaine, flottante, pressée par les circonstances, disposée à recevoir toutes les impressions, et surtout celles qu'aurait données un amour sincère et brûlant de la patrie.

Un moment rapide et décisif a été offert à la vérité, pour se faire entendre, pour triompher des intrigues, des conspirations encore obscures, dont la France est enveloppée. Un seul homme, dans l'instant même de la crise, s'il vient avec son âme, avec une âme de feu, avec une conscience pure, avec un dévouement absolu, avec le tribut de 25 années d'expériences politiques,

de méditations, de malheurs, avec une élo-
quence entraînante, avec une résolution généreuse de braver à la fois l'étranger, l'anarchie,
les factions, le despotisme, et d'affronter la
mort pour sauver son pays ; cet homme déjoue
toutes les intrigues, pénètre dans toutes les
âmes, est inspiré, aggrandi par sa position ; il
devient l'image de la patrie sanglante, éplorée ;
il devient le défenseur énergique, intrépide,
victorieux de la nation menacée, des peuples
de l'Europe, dont le salut est lié au salut de la
France ; il rapproche et réunit toutes les opinions
d'une grande assemblée, qui n'a plus qu'un même
esprit, un même sentiment, une seule âme....

Il fallait empêcher le Prince Lucien, envoyé
par l'Empereur, d'ouvrir la bouche au sein
de l'assemblée, d'y proférer des paroles em-
poisonnées, qui sont devenues des germes de
division. Il fallait lui dire : « Vous êtes prince
étranger ; vous n'êtes plus citoyen français ;
vous êtes le frère de celui qui a perdu la France,
qui vient de déserter son armée, de donner le
signal de la détresse, quand il devait rallier
les troupes, rester au poste du danger, réparer
ses fautes et ses revers, sauver la France ou périr....
Vous n'avez aucun droit de parler dans cette

enceinte. Laissez à ceux que la nation a envoyés le soin de prendre les mesures qu'exige son salut ».

Il fallait faire un appel à cette nation, mettre à nu, dans ce moment solennel, les sentimens les plus secrets, les opinions les plus opposées, les intrigues les plus ténébreuses.

Il fallait montrer qu'une partie de la nation repoussait Napoléon, et ne voulait désormais faire aucun sacrifice pour lui, ni pour sa famille ; qu'une autre partie des citoyens repoussait les Bourbons et leur dynastie ; que le cri unanime des Français, le point de ralliement nécessaire devait être : *ni Napoléon, ni les Bourbons.*

On devait tracer un tableau rapide, animé, terrible de vérité, de toutes les fautes, souvent semblables, de toutes les calamités que la France entière avait à reprocher aux Bourbons et à Napoléon. Il fallait faire pâlir les vils esclaves impériaux qui se trouvaient dans l'enceinte nationale, et leur interdire, au nom du salut public, la parole qu'ils avaient profanée. Il fallait prononcer, avec un sentiment religieux, les mots de *nation* et de *patrie*, qui seuls peuvent rallier toutes les opinions, tous les sentimens, qui ne trouvent aucun contradicteur, ni aucun ennemi dans un cœur vraiment français.

On faisait un appel aux royalistes de la Vendée : pourquoi ces armes parricides ? Ce n'est point la patrie, c'est Napoléon que vous combattez. Napoléon est déchu du trône. Il a lui-même abdiqué, en quittant son armée après une bataille perdue.

On faisait un appel aux patriotes de l'intérieur et aux armées : vous aviez cru Napoléon le défenseur de vos droits, de la liberté publique, de l'indépendance nationale. Vous ne l'aviez accueilli une seconde fois, que sous la condition qu'il sauverait la France. Cette condition est violée, le pacte est rompu. Mais, la France, rendue à elle-même, à la noble énergie de ses citoyens, la France, dépôt sacré confié trop long-temps à des mains criminelles, renferme en elle-même les ressources propres à la sauver. Elle ne veut ni les Bourbons qui l'ont avilie et trahie, ni Napoléon, qui ne s'est occupé qu'à l'épuiser, au profit de son ambition, et à l'asservir.

Alors, la vérité, long-temps étouffée, faisait retentir ses nobles accens.

On faisait un appel à l'Europe, aux rois coalisés, aux peuples étrangers. Rois, vous avez déclaré la guerre à Napoléon ; il n'est plus à notre tête. Nous, comme vous, avons gémi ses victimes. Son joug est détruit. Il n'appartient plus qu'à l'histoire et à la postérité. Vous, rois alliés, soyez fidèles à vos promesses; arrêtez vos armées, respectez notre indépendance; la guerre n'a plus de but; craignez de réduire une grande nation au désespoir; elle se lève, unanime, pour vous repousser, si vous avancez encore.

Nations étrangères! serez-vous les instrumens de vos maîtres pour une guerre désormais injuste, impie, qui ne serait continuée que pour anéantir un peuple qui veut être indépendant et libre, qui défend les droits sacrés de l'homme, la cause de tous les peuples.

Et l'Europe, la France auraient écouté ces mâles accens: les Rois auraient redouté les nouveaux efforts des hommes de la liberté; les peuples auraient manifesté leurs vœux pour un peuple magnanime, qui aurait proclamé sa résolution de s'ensevelir sous les ruines de la patrie. Les Français de toutes les opinions, de toutes les classes, auraient senti renaître leur énergie, leur patriotisme; ils se seraient embrassés.

Les hommes de l'armée auraient dit : Nous sacrifions notre ancien chef à la patrie; nous avions marché vingt ans à sa voix, souvent nous avions dû notre gloire à son audace, nous regardions comme un devoir d'être attachés à sa cause; mais, dès qu'elle n'est plus la cause nationale, nous sommes les fils de la France, les guerriers de la patrie.

Les royalistes et les hommes de la Vendée auraient répondu : Nous étions excusables de vouloir rétablir sur le trône la famille de nos anciens Rois ; car la haine pour Napoléon nous avait fait regretter même des princes dégénérés, qui n'ont reparu parmi nous que pour perdre l'estime de leurs partisans les plus dévoués. Aujourd'hui que celui qui était le *grand*, *le seul obstacle à notre union intérieure et à la paix avec les puissances*, est sacrifié en holocauste à la sûreté de la patrie, nous sommes Français, nous voulons servir et défendre la France. Notre sang n'aurait jamais été versé pour l'ambition d'un homme ; nous prodiguerons ce sang avec joie pour l'indépendance nationale, pour nos foyers, nos familles, notre honneur, notre existence menacée.

Ainsi, les passions haineuses étaient calmées ; les passions généreuses se ranimaient ; elles soulevaient, enflammaient, exaltaient toutes les âmes. Tous les Français, réunis sous le drapeau national, devenaient autant de héros. Nos ennemis se rappelaient, avec effroi, notre énergie et nos victoires de 1792. La coalition traitait d'une paix honorable avec la France libre ; et l'Europe satisfaite voyait désormais, sans envie et sans crainte, se développer les élémens de notre prospérité. La France était son noble modèle ; sur elle reposaient toutes les espérances d'une sage liberté , insensiblement étendue à toutes les nations de la grande confédération euro-péenne.

Dans la même séance, on organisait un gouvernement provisoire, responsable du salut de la patrie, qui devait rendre compte, chaque jour, par un bulletin public adressé aux représentans, de ses opérations.

En même temps, on envoyait des commissaires aux différens corps d'armée, pour s'assurer des généraux, prévenir les trahisons, ranimer l'esprit du soldat, rattacher tous les corps de troupes à la patrie.

On envoyait une députation aux puissances coalisées, pour déclarer la volonté du peuple français d'avoir et de donner des garanties d'une paix solide, ou de périr tout entier pour une cause sacrée.

La nation répondait à ce noble élan ; des ressources incalculables étaient déployées ; on frappait du pied la terre pour en voir sortir des légions. Chaque soldat se trouvait agrandi par la noble qualité de citoyen....

Mais, quand l'assemblée, inquiète, irrésolue, frappée du danger public, n'attendait qu'une voix forte pour prendre une attitude majestueuse, prononcée, la voix insidieuse du prince Lucien a présenté la situation des choses sous un point de vue tout différent. Des considérations diplomatiques, de petites considérations personnelles, de convenances, d'égards dûs au chef de l'État, de ménagemens pour l'Autriche, sont venus donner une nouvelle direction aux pensées de l'assemblée. Les cœurs se sont refroidis. Un triumvirat de ministres d'État, trop connus par leur désastreuse influence, sous l'empire, s'est coalisé pour faire rentrer l'assemblée et la nation dans l'ornière impériale.

Ces hommes, dont les talens se sont éteints dans la servitude, n'ont vu la patrie que dans leurs honneurs, dans leurs cordons, dans leur maître. Ils ont bientôt fait entendre ce cri d'esclaves : « L'empereur a daigné se sacrifier en abdiquant ; vive l'empereur, son fils doit lui succéder. Si vous oubliez ce principe : Si Napoléon II n'est pas immédiatement reconnu et proclamé, pour qui se battront les soldats ? au nom de qui se présenteront les négociateurs ? »

Ainsi, le peuple français, la patrie n'ont plus été comptés pour rien. L'armée a été calomniée, comme si elle ne combattait que pour un homme, dont elle a été si cruellement victime. C'est au nom des principes qu'on a violé le principe le plus sacré, celui de la souveraineté nationale et du salut public.

L'assemblée, effrayée du tableau des chances qu'elle allait courir, en prenant la responsabilité des mesures propres à sauver la France, s'est défiée d'elle-même, de l'armée, de la nation; elle a craint de violer, dans quelques disposi-tions, une constitution qu'elle violait, par néces-sité, sous d'autres rapports; elle n'a pas senti que les principes constitutionnels de la liberté pu-blique, de l'indépendance nationale, de l'égalité des droits des citoyens, étaient seuls inviolables et sacrés; elle est retombée dans les mains et sous l'influence de quelques hommes, qui ne pouvaient s'élever à aucune pensée généreuse. Ils ont osé l'empêcher, même d'adresser une décla-ration au peuple français et aux soldats, un manifeste aux puissances coalisées, pour faire connaître à l'Europe les ressources, les forces, la volonté de la France.

Ces prétendus défenseurs des principes, qui ont vendu tour-à-tour leur pays et leur maître, ont dit que le pouvoir exécutif seul pouvait parler au peuple et à l'armée, qu'il pouvait seul poser les bases des négociations. L'assemblée timide, embarrassée, dont l'instinct était noble et pur, mais qui sentait la gravité des circonstances, qui ne s'avançait qu'avec circonspection et avec prudence, tant qu'elle n'était pas entraînée, au nom de la patrie en péril, dans une route nouvelle et dans des résolutions énergiques, a été rejetée dans un système de demi-mesures, suggérées par la pusillanimité, l'égoïsme et l'apathie de ces hommes énervés, de ces orateurs, prétendus hommes d'État, qui ont habilement et perfidement profité de l'hésitation du plus grand nombre des représentans.

Un moment unique a été manqué, les 21 et 22 juin. Aucun Curtius ne s'est élancé tout armé dans le gouffre entr'ouvert. L'assemblée, après un enfantement pénible et laborieux, a cru pouvoir s'applaudir de n'avoir blessé ni les amis de Napoléon, ni les partisans des Bourbons, ni les rois étrangers ; mais, par ces ménagemens homicides, ne s'est-elle pas sacrifiée, n'a-t-elle point trahi sa mission et la France ? a-t-elle donné le signal du salut public ? n'a-t-elle pas laissé subsister tous les élémens de nos malheurs ? a-t-elle sondé, dans toute leur profondeur, les plaies publiques? a-t-elle appliqué les vrais remèdes? a-t-elle pris des moyens proportionnés aux dangers? ne sera-t-elle pas forcée de reconnaître bientôt qu'elle a été trompée, fascinée, engourdie; qu'il faut revenir, mais trop tard, à d'autres mesures; qu'il faut satisfaire au vœu national, donner un grand essor au patriotisme et à l'énergie?....

Mais, l'ennemi s'avance. L'assemblée ne connaît pas elle-même la véritable situation des choses. On va s'endormir, quelques jours encore; et le moment du réveil nous trouvera tous isolés, dispersés, impuissans pour servir l'État, réduits à chercher honteusement notre salut personnel dans la ruine commune.

Qu'on ne croye pas néanmoins que je désespère du salut public. J'ai voulu m'expliquer franchement sur les mesures prises et sur les motifs qui ont décidé les deux chambres. On a fait craindre un mouvement dans le peuple et dans l'armée, si Napoléon II n'était pas immédiatement proclamé successeur de son père. On a écarté ces vérités si simples, qu'un seul députe a fait entrevoir : si l'abdication de Napoléon a été jugée nécessaire, parce qu'il était démontré qu'il ne pouvait plus sauver la patrie, après avoir quitté son armée; est-ce la proclamation de son fils, d'un enfant, éloigné, captif, aux mains de nos ennemis, qui pourra, dans l'intérieur, rallier les partis, dans, l'étranger en imposer aux puissances? Ces puissances qui n'attachent aucun prix à l'abdication actuelle, ne reconnaissent que l'abdication de 1814, par laquelle Napoléon renonçait au trône pour lui et pour sa famille. L'espérance incertaine de nous concilier l'Autriche ne suffisait point pour décider cette délibération importante. Ou nous étions assez forts, assez maîtres de vos destinées, pour faire librement notre choix ; et la nation, divisée d'opinions, devait être plus tard consultée : ou ce choix devait dépendre des négociations ultérieures avec l'étranger. Dans aucun cas, on ne devait précipiter la décision. La question jetée dans l'assemblée n'a été qu'une pomme de discorde, lancée par des mains perfides, par les nouveaux Blacas, qui ont une seconde fois perdu leur maître.

Il fallait s'en tenir au parti dicté par la modération et la sagesse, que la commission avait proposé, par l'organe de M. le général Grenier. Après l'acceptation pure et simple de l'abdication, il convenait d'envoyer une députation des deux chambres aux puissances coalisées. Il fallait trancher la question, fixer une base négative et formelle aux négociations : *ni Napoléon ni les Bourbons.* Le vœu de la France était satisfait. L'Europe n'avait plus aucun prétexte fondé de poursuivre la guerre. Elle avait reconnu notre droit de choisir notre gouvernement. Nous pouvions plus tard, soit de concert avec l'Autriche, proclamer Napoléon II et un conseil de régence, ou la continuation de la commission de gouvernement, soit, avec le concours d'une autre puissance, appeler un prince étranger, reçu parmi nous sous la condition d'accepter et d'observer un pacte constitutionnel, fait par les représentans de la nation. Nous arrivions à la solution du problême : garantir notre liberté intérieure, notre indépendance au dehors, nos institutions nationales, la tranquillité de l'Europe. Nous évitions à la fois le double écueil de la faction qui veut un prince de la maison d'Orléans, et des hommes assez aveugles pour désirer le retour des Bourbons.

Néanmoins, si la chambre des représentans et la chambre des pairs savent avoir de l'union et de l'énergie, résister à des influences funestes, si la commission de gouvernement veut remplir dignement sa mission, sauver la nation et se sauver elle-même, on peut encore obtenir ce résultat. On peut ranimer et nourrir l'énergie nationale.

La reconnoissance tacite et provisoire de Napoléon II n'enchaîne point la nation, qui conserve le droit imprescriptible de traiter avec les puissances sur des bases honorables, propres à garantir les intérêts communs. Peut-être, le fils de Napoléon, désormais Archiduc d'Autriche, pourra devenir l'heureux lien de la paix. Je le désire et j'ose l'espérer. Mais, la question élevée en sa faveur était prématurée, contraire au vœu d'une grande partie de la nation, préjudiciable aux intérêts même de ceux qui n'ont vu leur salut que dans ce moyen, et qui ont obéi à la peur d'un danger personnel, plus qu'à l'intérêt public.

Aujourd'hui, que la commission du gouvernement soit ferme, franche, énergique. Qu'elle prenne sa racine et son point-d'appui dans le peuple; qu'elle ait toujours devant les yeux le déplorable sort de ce gouvernement provisoire de 1814, voué au mépris et aux malédictions de toute la France. Que les négociations ne soient point couvertes d'un voile mystérieux; que la nation ne reste pas étrangère à la grande question de ses intérêts, de son existence politique, de son gouvernement, qui va être débattue. Que les mesures de défense, les opérations militaires, les ouvertures diplomatiques soient proclamées à la face de la nation. Que les deux chambres se fassent rendre, chaque jour, un compte public de la situation des affaires. Que la nation et l'armée se resserrent et s'embrassent. Que la guerre n'ait plus un but personnel; pour un homme, pour une famille. Qu'elle soit franchement, uniquement nationale, pour conserver notre honneur, notre indépendance, notre territoire.

En exposant ce qu'on aurait pu faire, ce qu'on peut et ce qu'on doit faire encore, j'obéis à ma conscience et à ma patrie. Je rapprocherai, dans un autre écrit, les intérêts de toutes les classes de français, des hommes qui sont le plus divisés d'opinions, des rois et des peuples de l'Europe. Il sera facile de prouver que la ruine, l'humiliation, l'asservissement, le démembrement de la France seraient pour l'Europe entière, pour les gouvernemens comme pour les nations, le germe fécond d'incalculables malheurs.

Les événemens se pressent, la vérité doit s'échapper des âmes généreuses; tous les bons français doivent se rallier autour de quelques idées saines et simples, qui peuvent nous procurer des moyens de salut. Représentans, dépositaires de la puissance exécutive, votre force est dans l'opinion; méprisez les factions, leurs intrigues, leur influence; donnez une grande publicité à tous vos actes. La grande nation ne vous abandonnera point; et, avec une forte volonté, avec de la confiance dans le peuple et son énergie, vous pouvez déployer d'immenses ressources, réorganiser et rallier nos armées, nos gardes nationales, nos fédérations et sauver la patrie.

SAUVER LA PATRIE.

24 juin 1815.

Quand, seul avec ma pensée, je me rendais un compte fidèle des impressions que j'avais éprouvées, au milieu de la crise qui vient de changer le gouvernement de ma patrie, les événemens nouveaux recevaient leur entier développement. Je laisse néanmoins subsister les lignes que j'ai tracées. Elles m'ont été inspirées par des sentimens purs, qu'il est honorable d'avouer. Elles donneront plus de force aux vérités qui vont suivre. Elles serviront peut-être à rallier à la patrie et au gouvernement ceux même qui seraient disposés à s'en détacher. Leur publicité sera un témoignage de la liberté des opinions, un moyen de les rapprocher et de les confondre, par l'exposition franche et entière des motifs et des sentimens qui ont agi sur les bons citoyens, qui les ont d'abord éloignés du point où l'on s'est arrêté ; qui les ont insensiblement ramenés, dans le calme de la réflexion, à reconnaître l'utilité

d'une partie des mesures qui ont été prises , quoi-
qu'ils eussent désiré qu'on eût donné une plus
forte impulsion au patriotisme , dans la nation et
dans l'armée.

On ne rétrograde pas impunément , en révolu-
tion : il faut prendre les choses au point où l'on
est , sans revenir sur le passé.

Dès qu'une fois la question de Napoléon II a
été franchement abordée dans les chambres lé-
gislatives, dès que la proclamation du jeune prince,
comme empereur, a été consacrée par la loi,
tous les bons Français ont dû non-seulement donner à cet acte solennel un assent'ment unanime,
mais encore en apprécier et en faire valoir les
motifs et les avantages.

Plusieurs bons esprits , je le répète , auraient
désiré que cette question délicate eût pu rester
indécise jusqu'après l'ouverture des négociations.
La cause de la patrie était assez belle , assez chère
à tous les cœurs , pour que le nom d'un prince
nouveau ne fût pas un signe de ralliement nécessaire.

Mais, d'autres esprits ont craint qu'une partie
de la nation et de l'armée ne fût effrayée de voir
un gouvernement provisoire , sans aucun chef
de l'état reconnu et proclamé. On a craint que
les puissances étrangères ne fussent point dispo-

sées à écouter des négociations, ouvertes au nom d'une autorité précaire et momentanée. On n'a pas senti qu'ils avaient un plus noble caractère, en se présentant au nom de la nation, et que les négociations étaient plus faciles à entamer et à suivre, tant que la représentation nationale ne s'était point prononcée d'avance sur le choix et l'adoption, d'ailleurs prématurés et illusoires, d'un chef; mais seulement sur les points fondamentaux de l'indépendance de la France et de la liberté publique.

On a présenté une première atteinte formelle portée à la constitution, comme pouvant devenir le signal d'une crise nouvelle et terrible, qui replongerait la France dans le gouffre des révolutions. On s'est plu à conserver à l'armée, dans Napoléon II, et le nom du chef sous lequel, pendant près de vingt années, elle a rempli l'Europe de la gloire du nom Français, et le titre d'empereur, mêlé depuis si long-temps à ses acclamations.

La Chambre des Représentans, animée par ces motifs, a voulu, en suivant, aussi religieusement que les circonstances le permettaient, la ligne constitutionnelle, se garantir des écueils qui pouvaient se trouver cachés dans une mer orageuse.

Elle a voulu donner les premiers momens à la

sagesse, sans rien ôter à l'énergie dont elle doit l'exemple à la France.

Ne condamnons donc point légèrement la conduite de l'assemblée ; approuvons plutôt sa modération et sa prudence : mais ne cessons de lui rappeler que l'énergie et le patriotisme peuvent seuls enflammer la nation, créer des prodiges et triompher de nos ennemis. La représentation nationale est l'âme qui doit donner la vie à la France. La commission du gouvernement est le bras qui doit agir avec vigueur pour la défense publique.

L'union est notre premier besoin. Nous serons unis, si la représentation nationale elle - même bannit de son sein tout germe de division.

Les militaires, les hommes de la révolution et les amis d'une sage liberté, les anciens partisans de Napoléon, qui ont reconnu, mais trop tard, à quel point ils s'étaient abusés, en croyant voir en lui le sauveur de la France ; les partisans des Bourbons eux-mêmes, qui les ont appréciés, pendant leur règne éphémère, et qui ne les ont regrettés que parce qu'on s'était rejeté malheureusement sous le gouvernement de Napoléon : tous les Français, quelles qu'aient été leurs opinions sentent le besoin de la pacification intérieure, pour obtenir une paix honorable et solide avec nos ennemis du dehors.

Ni Napoléon, ni les Bourbons : tel est le cri de ralliement de tous les Français étrangers à l'esprit de parti, et animés par le désir de voir enfin leur patrie heureuse et pacifiée.

La représentation nationale et le gouvernement sont placés entre les débris de deux dynasties qui s'agitent encore, et qui ne peuvent que nous attirer de nouveaux malheurs. La nation rejette fortement l'une et l'autre. Elle veut un chef nouveau, qui ne puisse effrayer aucun parti, qui n'ait aucune vengeance à exercer, qui accepte une constitution librement discutée et consentie par les représentans de la nation : quel que soit ce chef, s'il offre toutes les garanties désirables contre toute espèce de réaction, il sera favorablement accueilli par l'immense majorité des Français; et la France sera tranquille : ce qui est la condition nécessaire pour que l'Europe jouisse elle-même d'une tranquillité durable.